⑪
行動科学ブックレット

日本行動科学学会 編
松田英子 著
東洋大学21世紀ヒューマン・インタラクション・リサーチ・センター

心と体の健康を守る仕組み

眠る

二瓶社

もくじ

第1章　序論 …………………………………… 5
第2章　睡眠と覚醒のリズム …………………… 9
1. 睡眠の生理学
2. 睡眠のリズムを保つ要因

第3章　睡眠と心身の健康 ……………………… 15
1. 短時間睡眠の影響
2. 不眠とうつ病と生活習慣病のトライアングル
3. 不眠と抑うつの因果の検討
4. 摂食行動と不眠
5. 肥満と睡眠時無呼吸症候群
6. 認知症と睡眠―覚醒リズムの乱れ、レム睡眠の異常
7. 悪夢、頻回夢想起と自殺企図
8. 悪夢と自殺企図の因果の検討

第4章　睡眠障害の種類 ………………………… 23
1. 睡眠障害のアセスメント
2. 外在因性睡眠障害
3. 高地不眠症
4. 交代勤務障害と時差障害
5. 不眠症
6. 不眠症の素因―ストレスモデル
7. 不眠のアセスメント
8. 過眠障害
9. 過剰な眠気とナルコレプシー
10. 眠気のアセスメント
11. 眠気への対処法―短時間仮眠
12. 睡眠関連呼吸障害群
13. 概日リズム睡眠・覚醒障害
14. 悪夢障害
15. レム睡眠行動障害

16．レストレッグス症候群

第5章　睡眠障害からの回復と支援 ……………… 35
　1．医学的支援
　　1）薬物療法
　　2）高照度光療法
　　3）終夜睡眠ポリグラフ検査
　2．心理学的支援
　　1）認知行動療法（Cognitive behavioral therapy; CBT）
　　2）睡眠衛生教育
　　3）セルフモニタリング法
　　4）筋弛緩法（リラクセーション・自律訓練法）
　　5）睡眠制限法・刺激制御法
　　6）認知療法
　　7）悪夢に対する認知行動療法
　　8）夢に関する認知に関する認知的再構成法
　　9）夢日記法によるセルフモニタリング
　　10）夢イメージエクスポージャー法
　　11）イメージリハーサル療法

引用文献 ……………………………………………… 44
あとがき ……………………………………………… 47

第 1 章

序　論

　眠り、それは生まれてから毎晩のように我々が体験している心理生理現象で、自然にあるいは意図的に眠りから覚めることができる。睡眠とは、正常な脳の活動として意識を低下させた状態のことである。また、睡眠は複数の神経機構や内分泌機構が関わる複雑な過程であり、疲労の結果生じるような単純な活動停止状態ではない（福田, 2016）。人間の睡眠は大きく分けてレム睡眠とノンレム睡眠の 2 つの睡眠相から構成されるが、進化に伴う脳の発達によって睡眠の分化を進めてきた。両生類、魚類、無脊椎動物では睡眠の持続期間に脳波に明確な変化はみられず、睡眠が分化していないことから行動睡眠と呼ばれる。鳥類では、短い断続的なレム睡眠がみられる。単孔類を除くほとんどの哺乳類では大脳皮質を休ませるためにレム睡眠を発達させた（Gardner, 2001）。人間の睡眠は、非常にうまいバランスをもって、大きく発達させた脳と身体を休め、翌日からの活動に備えている。また、レム睡眠をはく奪するとレム睡眠の量が増え、ノンレム睡眠をはく奪するとノンレム睡眠の量が増えるリバウンド現象がみられ、不随意にホメオスタシス（恒常性）が保たれている。

　睡眠がどの人にとっても、毎日の生活を支える心身の活動を維持するために必須であることは間違いないが、個人差が非常に大きい心理生理現象である。多くの人の体内時計は平均して 24 時間を少し超え

るサーカディアンリズムで活動しているが、適正睡眠時間は、個人が翌日の社会的機能が損なわれず十分に機能するために必要な時間となり、個人差が大きい。平均的な適正睡眠時間が6時間半から8時間半になる人が大多数を占めるものの、4時間以下でも十分なショートスリーパーや、10時間以上必要なロングスリーパーもわずかながら存在する。パーソナリティ心理学的研究からは前者は不安が低く、活動性高く、外向的、総じて社会適応度が高い一方、後者は神経質で、内向的、抑うつ的、社会適応度が低いと指摘されている（松田, 2013a）。

　私が心理学の立場から、睡眠に関心をもったきっかけは、これらの個人差について明らかにしたかったことと、睡眠中にも心身の状態をコントロールする意識の力が働いていることからだった。例えば、目覚まし時計でセットしたわずか数分前に覚醒するといった体験は、寝る時間を意識すると起床時刻に合わせて血液中のコルチゾールが上昇するためと考えられており（粂, 2003）、また起床時刻に向けて脳温が上がり目覚めやすくなるように調整するためと考えられている。

　また、睡眠中の情報処理活動は夢見によく表れている。夢は、レム睡眠中の記憶情報のプライミング連鎖であり、夢の情報は並列分散処理的で、類似性によって結合したもの（春日, 2000）と考えられている。夢には、感覚（視覚、聴覚、触覚、味覚、嗅覚、内臓感覚）、形態（形、色、動き）、意味、シンボル、音韻、社会的態度、情動などの情報が現れる。夢の内容は、夢見る個人が日中に行う情報処理活動を反映しており、睡眠に関連した精神活動の代表例である。

　夢の生成には、イメージが果たす役割が大きく、ノンレム期の夢は視覚的要素に乏しい（内田, 2006）。一方、レム期の夢は、高鮮明性で、高情動的でストーリー性がある。このように夢は認知的な要素を含んでいるが、単なる記憶の活性化から、イメージ、思考、身体感覚がぼんやりと現れるレベルの認知的活動、さらに感覚的で感情的でストーリー性と奇怪さのある夢見から、悪夢、明晰夢に代表される鮮明な夢

見まで、睡眠時の精神活動のレベルを示しており（Levin & Neilsen, 2007; 岡田, 2011）、個人差が非常に大きい現象である。また、レム睡眠中には脳内の記憶情報の整理をしていることは間違いないと考えられているが、さらに覚醒時に行った学習を強化することができることがわかっている。鳥の場合は、レム睡眠中に歌を作り直していることを、神経心理学的に示唆するデータもある。

このように日常生活を送るための社会的機能の維持に深く関わる睡眠であるが、睡眠を制御する因子のひとつに社会的因子がある。仕事や家事や学業などの社会的活動に関わるものである。もっと眠りたいのに社会生活上眠れない状況を睡眠負債（sleep debt）と呼ぶ。寝不足の蓄積が心身に徐々にダメージを与えることは周知の事実である。

睡眠と覚醒の調整に関わる脳内物質や遺伝子もこの1世紀の間に次々と発見されてきた。例えば、近年では1998年に発見されたオレキシンが注目されている。オレキシンは、睡眠中枢から覚醒中枢に抑制信号を送り入眠を促す。また睡眠量の制御に関わる遺伝子も新たに発見されている。Sik3遺伝子は、睡眠負債が大きくなると起きている時間の累積量を感知して眠りのスイッチを押す仕組みに関わる。その他、レム睡眠を終了させることに関わる遺伝子も発見されている。

睡眠負債がある場合、通常は自然に不足分の睡眠を取り戻そうとする作用が起こる。しかし、眠れる状況が整っているにも関わらず、眠れない状況になれば、睡眠の不調が生じた状態になる。さらに眠れないことによって、日常生活に支障をきたす状態になれば睡眠障害となる。睡眠障害は、他の生活習慣病と異なり、初期から明確な自覚症状がある。しかも主観と客観の評価が異なる場合が多い。終夜睡眠ポリグラフなどで確認する客観的な睡眠の特徴と、主観的な睡眠についての不満の程度とは、必ずしも一致しないことが指摘されており（睡眠状態錯誤）、主観的な睡眠の問題の大きさが客観的症状を上回る場合があるので、睡眠障害は医学的治療とともに心理学的治療を必要とする。特に、日本人は睡眠の不調があっても受診や薬物療法を受けたが

らない傾向があり、非薬物療法である認知・行動アプローチに注目が集まっている（松田，2015）。以上をふまえ、本書では睡眠の基礎をふまえた上で不眠などの睡眠の不調を予防し、健康を回復しさらに高める行動科学の知見を紹介する。

第 2 章
睡眠と覚醒のリズム

1．睡眠の生理学

　睡眠と覚醒のリズムは、睡眠センター（視床下部の前部：視索前野）と覚醒センター（視床下部外側野［後部］から中脳）の拮抗作用によってもたらされる。不眠症は、脳幹の覚醒物質を作るニューロンが不適切に高まっているため、覚醒センターが睡眠センターを上回った状態にあるのである（図2-1）。

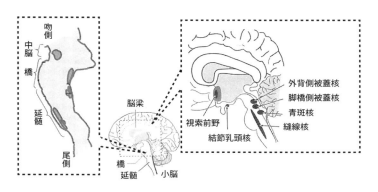

図2-1　睡眠と関係の深い脳の部位（櫻井，2015を改変）

睡眠の状態を調べるためには、睡眠ポリグラフ検査を行う。睡眠ポリグラフ検査では、脳波、眼球運動、口唇の下にある顎のオトガイ筋の筋電図を測定することが必須である。昔は脳波計の針先から出るインクで紙媒体に記録していたが、今はデジタルデータで記録・保存できる。現在の一般的な測定装置と指標は次の通りである。頭部センサー（脳波と眼球運動の測定）、鼻腔センサー（呼気・吸気の流れの測定）、酸素センター（血中の酸素量の測定）、胸腹部センサー（伸縮ベルトによる呼吸運動の測定）である。

　睡眠ポリグラフ検査で測定すると、前述のとおり睡眠は単一の状態ではなく、大きく分けて2つの睡眠相に分かれる。ひとつは急速眼球運動を伴う睡眠相レム（Rapid eye movement sleep; REM）睡眠と、そうでないノンレム（non-REM）睡眠であり、周期的な交替を示す。レム睡眠が発見されたのは1952年のことである。レム睡眠は、脳幹の中脳、橋、延髄にある中枢で制御されている（図2-1）。レム睡眠は、逆説睡眠（Paradoxical sleep）とも呼ばれ、脳波が覚醒時のような状態を示す。この時、ストーリー性のある鮮明で奇怪な夢を見ていることがわかった。夢を見ているときの脳は、扁桃体（情動を司る部位）が活性化している。脳波に夢の情報が含まれている可能性があり、ATR（脳情報研究所）では脳波から夢の映像を抽出することを試みている。レム睡眠時は、脳が活性化されている一方で、体は眼球を除きぐったりとしており、主に体を休める眠りと考えられている。その反対にノンレム睡眠は、主に脳を休める眠りと考えられている（図2-2）。

　脳波の指標を中心に、睡眠段階判定基準に基づいて、睡眠図（ヒプノグラム）が描けるようになった。さらにノンレム睡眠は、その深さによって1段階（まどろみ）からの4段階（熟眠）に分けられる（図2-2）。ある晩の睡眠実験から、脳波の波形とともにそれぞれの睡眠段階の特徴を示す（図2-3）。Roffwarg, H.P. によれば、エイジングに伴い、徐々にノンレム睡眠段階4や段階3などの深い睡眠が少な

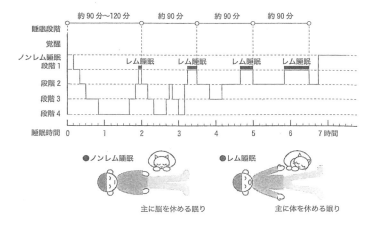

図2-2 ヒプノグラム（松田，2010）

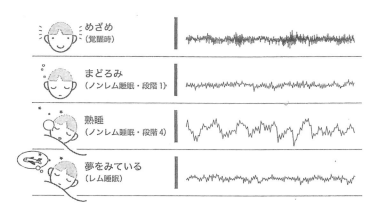

図2-3 脳波図（松田，2010）

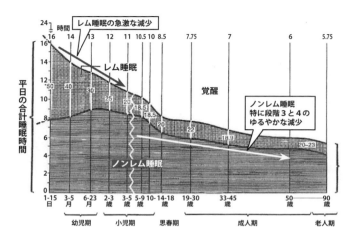

図2-4　年代別の睡眠時間の変化（内田，2006を改変）

くなるといった変化がみられる（図2-4）。

2．睡眠のリズムを保つ要因

　睡眠と覚醒のリズムは、通常は約24時間のサーカディアンリズムに基づいて起こる。覚醒から、ノンレム睡眠、レム睡眠、……ノンレム睡眠、レム睡眠を繰り返し、覚醒するリズムを示す。ノンレムとレムの周期は1時間から90分のウルトラディアンリズムに基づく。ノンレム睡眠は、正当な睡眠（Ortho sleep）ともいわれ、興奮性睡眠物質と抑制性睡眠物質の神経伝達物質の相補的作用により眠気が生ずることによって、覚醒からノンレム睡眠が起こる。またノンレム睡眠からレム睡眠に変わる時には、脳幹部の神経伝達物質アセチルコリン

が関わる。ホルモン（メラトニン、成長ホルモン、コルチゾール）の分泌リズムや、循環系の変化もサーカディアンリズムを持つ。約1年のサーカニュアルリズムを持つのは冬眠である。

　24時間のサーカディアンリズムを保つための同調因子の代表例は、光、社会的活動、身体運動である。眠りは、日中の十分な活動によって引き起こされる。睡眠に不調がある場合は、第一に光の利用による睡眠改善法が考えられる。朝日光を浴びる、あるいは医療用照明器具で照射することも重要である。相関色温度でいえば、温白色の3,200〜3,700Kが夜間照明としては適切で、昼光色の5,700〜7,100Kで青色成分が相対的に大となると夜間照明としては不適切である（小山，2013）。24時間営業のコンビニの照明やスマートフォン、タブレットのバックライトなどにも気を付ける必要がある。

　次に、適切な運動処方による睡眠改善法もある。WHOや厚生労働省からも、健康のために必要な身体運動の強度が1週間単位での推奨基準が示されている。しかし水野（2013）によれば、不眠など睡眠のトラブルを抱える者には全般的な意欲の低下がみられ、不眠解消のための運動を勧めても運動実施に至らないことが多いようである。仕事や学業によって1日のスケジュールが過密の場合は、生活習慣を変えることが難しいと思うこともあるだろう。そのため、睡眠の改善とともに運動による肥満や生活習慣病の改善、運動・免疫・認知機能の向上、気分の向上効果が副次的に得られることをていねいに説明する。これは、なかなか改善できない行動習慣の変容を目指すときに重視される動機づけ面接（motivational interview）といわれ、心理学では重要視されている。運動嫌いはまずは入眠前のストレッチからでもよい。

第3章
睡眠と心身の健康

　睡眠がうまくいっている時には、心と体の健康は保たれているといってよい。一方で、睡眠が不調の時には、心身の健康も阻害されている場合が多い。睡眠の不調は、単純に労働・学業などの生産性の低下や交通事故などの社会的損失と関わるだけではなく、心身の健康と密接に関連する。産業臨床や教育臨床の現場でも、睡眠障害があるとその他の精神症状や身体疾患を併発しているケースが多い。

　平成18年4月より施行された改正労働安全法において、労働者の心身の健康を守るための時間外労働時間の規制は、睡眠時間の確保から算出されていること、また心身の各種疾患による休職、復職時の判定にも睡眠の不調が回復しているかが重要な条件となっていることは周知の通りである。同様に、睡眠の改善は、精神の不調によって休学や不登校の状態にある者が復学し、その後の学校適応がうまくいくかについても、大きな影響力を持っている。また、労働者が心身の健康を保つためには、雇用者側に職務状況の管理についての「安全配慮義務」があるが、一方で労働者自身にも自分の心身を守る「自己保全義務」がある。そのためにも睡眠の調子についてセルフチェックをすることが重要である。本章では、睡眠の不調と関連が密接な心身の不調の代表例を紹介する。

1．短時間睡眠の影響

　NHK による国民生活調査（関根・渡辺・林田，2016）によれば日本人の睡眠時間は全体として減少傾向にあり、調査開始の 1960 年以来最も短かったデータは 2010 年の 7 時間 14 分である。この短時間睡眠化が日本人の覚醒と睡眠のリズムに影響を及ぼし、身体や精神の不調の増加をもたらしている可能性が想定される。また、短時間睡眠が続くと睡眠負債の状態になる。睡眠時間が短くなるにつれて一般的に免疫機能が低下し、生活習慣病に罹患しやすくなるなど、様々な健康を害する危険性が指摘されている。成人の場合、肥満、糖尿病、動脈硬化などにつながりやすい。
　しかし、睡眠時間が短い場合だけではなく、睡眠時間が長い場合でも死亡に対するリスクは上昇する。100 万人を超える大規模調査では、男女ともに死亡リスクの低い睡眠時間は 7 時間台であった（Kripke, Garfinkel, Wingard, Krauber, & Marler, 2002）。一般的に健康にとって良いと信じられている 8 時間は、必ずしも必要ではないのである。

2．不眠とうつ病と生活習慣病のトライアングル

　不眠とうつ病と生活習慣病は相互に関連している。生活習慣病の代表例は、糖尿病や高血圧、高脂血症である。これら生活習慣病患者の不眠は熟眠障害と特に関連がある（内村・橋爪・土生川，2005）。不眠は高血圧や糖尿病の誘因、増悪因子、うつ病の前駆症状としても知られている。総合病院を受診したうつ病患者は、最初から精神科を受診する者のみならず、他の内科・外科からリファーされてくる者も多い。
　2013 年に改定された DSM-5 では、うつ病の診断基準に不眠や過眠の項目が入った。うつ病になると、昼間の眠気が増し、レム潜時は短縮され、レム睡眠は増加する一方で、ノンレム 3、4 段階の睡眠が

減少する。神経伝達物質セロトニンに反応するニューロンの働きが悪くなると、不眠や過眠がもたらされる。メランコリー型など定型のうつ病では、不眠と食欲不振の症状が現れ、若年者にみられる新型うつ病と呼ばれる非定型のうつ病では、過眠と過食が認められる傾向がある。過眠症の一種であるナルコレプシーは、うつ病や糖尿病との合併が多い。このように不眠・過眠と生活習慣病は密接な関連がある。

3．不眠と抑うつの因果の検討

抑うつが不眠を引き起こすのか、それとも不眠のせいで抑うつになるのか、不眠と抑うつの因果関係について確かめるために、逆井麻利氏と松田は、看護師157名を対象に、質問紙による不眠と抑うつに関するパネル調査を行った（松田・逆井，2009）。調査協力者はいずれも交替勤務者である。不眠はICD-10に基づいて作成されたアテネ不眠尺度、抑うつはベック抑うつ質問票BDI-2を使用した。分析に際し、BDIから睡眠の項目を除いて得点を算出した。その調査結果のデータを示す（表3−1）。1回目の抑うつ得点より1回目の不眠得点のほうが2回目の抑うつ得点に及ぼす影響が大きい場合、不眠が抑うつに影響を与えていると言えるが、1回目の抑うつ得点が2回目の不眠得点へ及ぼす影響、1回目の不眠得点が2回目の抑うつ得点へ及ぼす

表3−1　不眠と抑うつの基礎統計量（n=157）

	平均	標準偏差
不眠1時点目	9.49	(3.70)
不眠2時点目	4.56	(8.20)
抑うつ1時点目	11.18	(9.01)
抑うつ2時点目	9.49	(8.20)

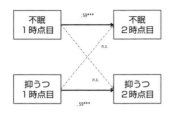
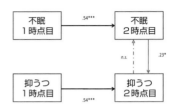

図3-1 交差遅れモデルによる
不眠と抑うつの因果の検討

図3-2 同時効果モデルによる
不眠と抑うつの因果の検討

影響はともにみられなかった（図3-1）。そこで、2回目の不眠得点と2回目の抑うつ得点に、1回目の不眠得点と1回目の抑うつ得点それぞれに及ぼす影響を統制して比べると、不眠得点が抑うつ得点に与える影響のみが有意にみられた（図3-2）。つまり、現在の不眠が抑うつを引き起こすという結果が得られた。1時点目の不眠・抑うつ得点より5カ月後に実施した2時点目の不眠が抑うつへ与える影響のほうが高かった。また、5カ月の間に不眠が悪化したグループは抑うつも悪化しており、不眠が改善したグループは抑うつ症状も改善されていた（図3-3）。このことからも、不眠と抑うつは密接な相関があり、不眠が抑うつを引き起こす一要因となっていると考えられる。

4．摂食行動と不眠

　拒食症、過食症者にみられる不眠は、体脂肪率の低下、レプチンの減少、オレキシンの興奮や、「痩せたい」「食べたい」というドーパミンの興奮とも関わっていると考えられている。夜間のみにみられる特殊な摂食障害もある。例えば夜間摂食飲水症候群（Nocturnal eating

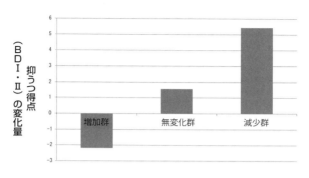

図3-3　不眠と抑うつの変化量に関する分析

and drinking syndrome; NEDS) は、不眠や夜間のむちゃ食いがあり、本人もそのことの記憶があり、朝は食欲不振の状態にある。睡眠関連摂食障害 (Sleep-related eating syndrome; SRED) は、就寝後1〜2時間以内に、完全な覚醒なしに無意識に食物摂取してしまう病気で、本人にはその記憶がなく睡眠時随伴症のひとつと考えられている。

5．肥満と睡眠時無呼吸症候群

鼾がひどく、睡眠中に頻繁に呼吸が止まり、マイクロ覚醒する睡眠時無呼吸症候群 (Sleep apnea syndrome; SAS) と肥満は一般的に関連している。顎に肉がついていると寝ているときに気道が塞がれるからである。必ずしも肥満でなくても、下顎の骨格の形状や大きさが気道閉塞をもたらす場合には、SAS となるケースもある。また高齢者では、上気道を拡げる筋肉が衰えるために SAS が起こる場合がある。一般的な治療法としては、シーパップ (Continuous Positive Airway Pressure; CPAP) で空気を送り、気道を確保することで改善可能である。SAS があると疲れがとれにくいため、SAS を心身に負担をかけな

い治療法で改善することで、十分に休養をとり、健康を高めることができるように治療に向かわせるための動機づけ療法が有効である。

6．認知症と睡眠 ― 覚醒リズムの乱れ、レム睡眠の異常

　不規則型リズム障害では、体内時計の調整がうまくいかず、認知症のリスクが高まることが知られている。逆に、アルツハイマー型認知症の治療薬よって、覚醒が促進され、不眠や睡眠リズムの乱れがもたらされることもある。レム睡眠時に脱力メカニズムが起こらず、体が動いてしまうレム睡眠行動障害は、レビー小体型認知症やパーキンソン病などの神経変性疾患との関連が指摘されており、神経の変節によって筋弛緩を制御するニューロンが破壊されている可能性が示唆されている。

7．悪夢、頻回夢想起と自殺企図

　悪夢は、目覚めた時にその内容を鮮明にかつ詳細に想起するため、覚醒後に大きな心理的苦痛をもたらす。本来夢見には感情制御など、メンタルヘルスに役立つ適応的機能を持つと考えられているが、悪夢はその機能不全の状態といえる。悪夢を想起した日はそうでない日よりも不安が高く、精神的に不安定で、身体的愁訴を誘発しやすい（Köthe & Pietrowsky, 2001）。近年、悪夢、過剰な夢想起は、自殺念慮と関連していることに注目が集まっている。

　頻回悪夢の有病率は、一般人口の約5～6％である。悪夢は一般的に週1回以上の体験率が4～10％である（Levin & Nielsen, 2007）。日本人の成人と青年において悪夢に悩まされる人は約10％である。悪夢は将来の自殺企図を予測する。実際に自殺を試みて一命をとりとめ

た集団を対象とした研究では、繰り返し起こる悪夢、頻繁で過剰な夢想起、およびその結果としての中途覚醒は、自殺のリスクを予測するという指摘もある（Sjöström, Wærn, & Hetta, 2007）。心的外傷後ストレス障害（Post Traumatic Stress Disorder; PTSD）得点を統制しても、悪夢は自殺企図のリスクを予測する。

よって自殺者が多い日本にとっては、悪夢症状は解決すべき深刻な健康問題と言える。

8．悪夢と自殺企図の因果の検討

不眠と抑うつの因果の検討と同様に、自殺企図が悪夢を引き起こすのか、それとも悪夢のために自殺企図が高まるのか、悪夢と自殺企図の因果関係について確かめるために、松田は大学生253名を対象に、質問紙による悪夢と自殺企図に関するパネル調査を行った。悪夢はICD-10に基づいて評定、自殺企図はベックが作成した自殺企図質問票SSIを使用した。その調査結果のデータを示す（表3－2）。1回目の自殺企図得点より1回目の悪夢得点のほうが2回目の自殺企図得点に及ぼす影響が大きい場合、悪夢が自殺企図に影響を与えていると言えるが、1回目の自殺企図得点が2回目の悪夢得点へ及ぼす影響、1回目の悪夢得点が2回目の自殺企図得点へ及ぼす影響はともにみられ

表3－2　悪夢苦痛度と自殺企図得点の基礎統計量（n=253）

	平均	標準偏差
悪夢苦痛度1時点目	37.77	(3.01)
悪夢苦痛度2時点目	30.78	(4.45)
自殺企図得点1時点目	6.98	(5.38)
自殺企図得点2時点目	6.40	(4.88)

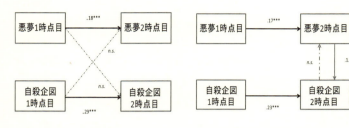

図3-4　交差遅れモデルによる
悪夢と自殺企図の因果の検討

図3-5　同時効果モデルによる
悪夢と自殺企図の因果の検討

なかった（図3-4）。そこで、2回目の悪夢得点と2回目の自殺企図得点に、1回目の悪夢得点と1回目の自殺企図得点それぞれに及ぼす影響を統制して比べると、悪夢得点が自殺企図得点に与える影響のみが有意にみられた（図3-5）。つまり、悪夢が将来の自殺企図を引き起こすという結果が得られた。

第4章
睡眠障害の種類

1．睡眠障害のアセスメント

　睡眠障害のアセスメントには、アメリカ精神医学会のDSM-5（American Psychiatric Association, 2013）や、睡眠障害国際分類第3版［ICSD-3］（American Academy of Sleep Medicine, 2014）が使用されている。

　睡眠―覚醒障害群（DSM-5）に基づき、以下に主要なものを取り上げる。

　Ebben & Fine（2010）によれば、睡眠障害は世界中で最もよく見られる健康を阻害するもののひとつであり、睡眠障害は日本のみならず、世界的に優先的に対処すべきメンタルヘルスの問題である。その中でも不眠症状がとりわけ多く、一般人口の6～15%が悩んでいると報告されている。
　睡眠障害は、睡眠環境による外在因性の睡眠障害と、心身の不調が原因となっている内在因性の睡眠障害、心理社会的ストレスが原因となっている心因性の睡眠障害がある。まずは、外因性の睡眠障害の代表例をあげ、次に心因性と内在因性の睡眠障害の代表例を紹介する。

2．外在因性睡眠障害

　外在因性睡眠障害は、不適切な睡眠衛生がもたらす睡眠の不調である。真夏の高温多湿の時の寝苦しさや、あるいは寒冷で寝つきが悪くなる、騒音で中途覚醒するなどの環境要因が影響している。布団などの寝具の環境も重要である。室内そのものの温湿度も影響するが、特に布団の中の温湿度が重要である。また旅行先で枕が変わると寝られないなど睡眠環境の変化で眠れないものは適応性不眠という。松田（2013b）では、新入社会人が社員寮に入寮したことをきっかけに適応性不眠になったケースに心理支援を行ったケースを報告した。この場合、環境の変化はきっかけに過ぎず、心理社会的ストレスが不眠の悪化、維持の要因になっていたケースであり、実際は複合的な要因で起こる場合が多い。

3．高地不眠症

　登山中の宿泊などで起こる病気で、酸素状態では、呼吸活動を促進するために交感神経系の活動が高まり、頻繁に中途覚醒しやすくなる。その結果、疲労もとれにくい。その他、覚醒時に肺機能が低下し、低酸素状態にあると、脳幹の呼吸中枢の反応が悪くなるためSASになりやすい。そのため高山医学の分野でも、富士山などの測候所などで睡眠障害の研究が進められている（土器屋, 2015）。

4．交代勤務障害と時差障害

　交代勤務障害と時差障害は、いずれも概日リズム睡眠・覚醒障害のうち、外在因性の睡眠障害である。交代勤務障害は、通常の睡眠時間

帯に仕事をすることによって、過剰な眠気と不眠、睡眠時間の減少がみられるものである。時差障害はいわゆる時差ぼけであり、個人差要因も大きく関わっている。

次に睡眠─覚醒障害群（DSM-5）に基づき、内在因性と心因性の睡眠障害の主要なものを取り上げる。

5．不眠症

不眠症の原因として、5つのPが取り上げられている。具体的には、心理学的（ライフイベントがもたらすストレス）、身体的（体の病気）、精神医学的（心の病気）、薬理学的（薬の副作用）、生理学的（発熱や疲労などの身体の不調）であり、いずれも過覚醒をもたらす要因である。不眠症は、脳幹の覚醒物質を作るニューロンが不適切に高まっているために起こることがわかっている。「眠れない」ことを繰り返すと、眠るという行為自体が苦痛（不安、恐怖）として条件付けられるため、さらに不眠を悪化させ、維持させてしまう。夜間睡眠の質と量が悪くても、日中に支障がなければ不眠症ではないため、日中にも支障が出ていることが条件である。不眠症の辛さは、眠れないこと自体に加えて、その辛さをわかってもらえないことにあり、その意味でも心理療法が有効である。

6．不眠症の素因─ストレスモデル

不眠のストレスモデルとしては、Spielman の 3Ps モデルがよく知られており、素因には神経質などのパーソナリティ特性が不眠脆弱性であると考えられており、症状の促進（悪化）要因、遷延（維持）要

因にも本人の認知のパターンが関連しており、これらは心理治療において重要な治療ターゲットとなっている。睡眠に関する主観的評価の低下が不眠の本質で、なかなか眠れないことを繰り返すと、眠ることそのものが不眠恐怖をもたらす。

　前章で述べたように、不眠とうつ病が密接に関連している現象は、両者とも、素因—ストレスモデルによって発症すること、症状に対する不安や心気症的反応によって、それぞれの症状の憎悪や維持・停滞が起こることなど、近似した病態を持つためと推測されている。不眠症の有病率は日本人では高く13.5％ほど、不眠の不調を自覚する人の割合は4割ほどである。不眠症者には、心理社会的ストレスから生じる情動的過覚醒が強く関連しており、日本人のおかれた生活環境やパーソナリティの特徴も間接的に関わっていると推測される。

7. 不眠のアセスメント

　代表的な睡眠の主観的症状を評価する質問紙検査には、ピッツバーグ睡眠票（PSQI）という過去1カ月の睡眠全般の質を評価する検査と、アテネ不眠尺度（AIS）という不眠の自己評価を測定する検査がある。ピッツバーグ睡眠質問票（Pittsburgh Sleep Quality Index; PSQI）(Buysse, Reynolds, Monk, Berman, & Kupfer, 1989) は、睡眠障害の評価として広く使用されており、最近1カ月間の睡眠の質について、睡眠の質（C1）、入眠時間（C2）、睡眠時間（C3）、睡眠効率（C4）、睡眠困難（C5）、睡眠薬の使用（C6）、日中覚醒困難（C7）の7要素の合計得点が算出される。ほとんどの質問は1カ月間の睡眠障害の症状の頻度を「なし」「1週間に1回未満」「1週間に1〜2回」「1週間に3回以上」という4段階で評価し、得点は0〜21点の範囲にある。総合得点が高いほうが、睡眠がより悪いことを示している。5点以下を睡眠障害なし、6点が臨床的カットオフ値となり、6〜8点を

表4-1　アテネ不眠尺度（Soldatoes, et al., 2000）

<u>過去1カ月以内に、少なくとも週3回以上経験したものをチェックしてください。</u>

Q1．あなたの寝つき（布団に入ってから眠るまでに必要な時間）はどうですか？（入眠困難）	
（0）寝つきはよい	（2）かなり時間がかかった
（1）少し時間がかかった	（3）非常に時間がかかったか、全く眠れなかった
Q2．夜間・睡眠中に目が覚め、困ったことはありますか？（中途覚醒）	
（0）問題になるほどではなかった	（2）かなり困っている
（1）少し困ることがあった	（3）深刻な状態か、全く眠れなかった
Q3．起きたい時間より早く目覚め、それ以上眠れなくなることは？（早朝覚醒）	
（0）そのようなことはなかった	（2）かなり早かった
（1）少し早かった	（3）非常に早かったか、全く眠れなかった
Q4．あなたの総睡眠時間は？（睡眠時間の不足感）	
（0）十分である	（2）かなり足りない
（1）少し足りない	（3）全く足りないか、全く眠れなかった
Q5．全体的な睡眠の"質"はどうですか？（睡眠の質の不満足感）	
（0）満足している	（2）かなり不満
（1）少し不満	（3）非常に不満か、全く眠れなかった
Q6．日中の気分はいかがですか？（日中の気分の低下）	
（0）普通	（2）かなりめいった
（1）少しめいった	（3）非常にめいった
Q7．日中の身体的・精神的な活動はどうですか？（日中の活動性の低下）	
（0）普通	（2）かなり低下
（1）少し低下	（3）非常に低下
Q8．日中の眠気はありますか？（日中の眠気）	
（0）全くない	（2）かなりある
（1）少しある	（3）激しい

選択した数字を合計します。合計点が1～3点は症状なし、4～5点は軽度の症状あり、6点以上は不眠症の可能性があります。さらに、10点以上は医療機関への相談が必要です。

軽度障害、9点以上を高度障害としている。健常成人は平均的に3.78点±1.78の範囲のスコアをとるとされている。

　WHOのICD-10（World health organization, 1992）に基づく不眠症の国際的基準として使用されているのがアテネ不眠尺度である（表4−1）。質問項目は、睡眠の不具合そのもの、および眠れないことによって日中に出現する悪影響からなる。具体的には、寝つきの悪さ（布団に入ってから眠るまでに必要な時間、いわゆる入眠困難）、夜間・睡眠中の目覚め（中途覚醒）、起きたい時間より早く目覚める早朝覚醒、総睡眠時間の不足、睡眠の質への不満、日中の気分の悪さ、日中の身体的・精神的な活動の低下、日中の眠気から構成されている。臨床的カットオフ値は6点以上で、10点以上は要受診の目安となっている。

8．過眠障害

　夜間に9〜10時間眠っているにもかかわらず、日中に疲労感が残り、昼寝など仮眠を必要とする。このうちナルコレプシーは日中に突然強い眠気に襲われて、客観的に緊張感が高い状況でも眠りこんでしまう病気である。明確な原因がわからない特発性過眠症とナルコレプシーとの違いは、特発性不眠症はナルコレプシーより、仮眠の時間が長く、仮眠後の爽快感がなく、仮眠後の目の覚めが困難な点である。一方で、ナルコレプシーは入眠期にレムが現れる回数は2回以上、特発性不眠症より中途覚醒が多く、総睡眠時間はほぼ正常範囲内である。現在、ナルコレプシーのタイプ1は、入眠を促す脳内物質オレキシンが少なくなり、覚醒を促す神経ネットワークと睡眠を促すネットワークの切り替えが不安定になることによって起こると考えられている。その他、反復性過眠症には、過眠と食行動異常および性欲の亢進などの脱抑制行動が周期的に起こるクライネ―レヴィン症候群がある。

9．過剰な眠気とナルコレプシー

　過眠症の一種であるナルコレプシーには、睡眠発作、カタプレキシー（感情の高ぶりによる脱力発作）、入眠時幻覚、睡眠麻痺の4つの特徴がある。カタプレキシーのきっかけは、「嬉しい」情動が多く、「怒り」情動は少ない。現在、カタプレキシーのメカニズムは、レム睡眠時の脱力メカニズムが覚醒時に起こるものと考えられている。入眠時幻覚や睡眠麻痺（金縛り）とともに、レム睡眠に随伴して起こる症状とされている。ナルコレプシーは、自分が脅威的な状況下にあるという鮮明な悪夢を伴うのが一般的である。

10．眠気のアセスメント

　眠気のアセスメントには、エプワース睡眠スケールが用いられている（表4-2）。睡眠負債の度合いも測定できるテストである。会議中やテレビ視聴中、電車に乗っているとき、車を停止中などの8つの状況において、眠くなる程度を0～3点で評定するものである。睡眠不在の臨床的カットオフ値は11点以上とされている。

11．眠気への対処法—短時間仮眠

　眠気は事故との関連が深い。事故は職務上のミスから、交通事故に至るまで多岐にわたる。睡眠が十分にとれないと認知障害（精神運動機能の低下）が起こりやすい。特に交代勤務者は、様々なリスクが高い。睡眠管理による眠気の予防の基本は、睡眠日誌や睡眠のアプリあるいはウェアラブル活動計の活用などによる自己管理が基本である。過度の眠気発生のリスクが高まるのは、5時間以下の睡眠時間が連続して

表4-2　エプワース睡眠スケール

<u>自分が適切だと思う睡眠時間を数日間実行した上で、次のような状況の時、眠たくなる度合いを0～3点で採点してください。</u>

0点＝眠くならない	
1点＝たまにねむってしまう	
2点＝わりと眠ってしまう	
3点＝ほぼ確実に眠ってしまう	
① 座って本を読んでいる時	点
② テレビを見ている時	点
③ 会議の席など、他人がいる場所で何もしないでじっと座っている時	点
④ 1時間続けて車（運転しない）や電車に乗っている時	点
⑤ 午後、横になってもいい時	点
⑥ 座って誰かと話をしている時	点
⑦ 昼食後、じっと座っている時	点
⑧ 車に乗っていて渋滞に巻き込まれ、数分停止している時	点

記入した数字を合計します。診断の目安は次のとおりです。
0 ～ 5 点：睡眠負債はほとんどない
6 ～ 10 点：やや睡眠負債がある
11～20点：かなり睡眠負債がある
21点 以 上：睡眠負債が限界に近い

2日以上続いたとき、睡眠負債が4時間以上蓄積した時、不規則な睡眠時間帯が1週間以上続いた時で、自分自身で警戒する必要がある（白川，2013）。

　短時間仮眠による眠気の解消法も検討されている。仮眠をとる人は虚血性心疾患のリスクが低いが、1～2時間と長く仮眠をとりすぎる人は仮眠をとらない、休憩もとらない人より死亡率が高い（林，2013）。アルツハイマー病罹患のリスクも、1時間以上の仮眠をとる人は仮眠をとらない人の2倍、30～60分の仮眠をとる人は仮眠をとらない人の0.4倍、30分以下の仮眠をとる人は仮眠をとらない人の0.2倍であったという。若年成人の仮眠は、5分では効果がなく、10～15分が最適である。20分以上では長すぎる。寝つきを5分と

見積もり 15 〜 20 分間の仮眠が推奨されている。昼休みに短時間仮眠を推奨する高校では、意欲の向上、学業成績の向上を狙いとしている。高齢者は一般的に入眠に時間がかかるため、30 分以内の仮眠が推奨されている。

12. 睡眠関連呼吸障害群

鼾がひどく、夜中に頻繁に呼吸が止まり、体動の後中途覚醒があり、ぐっすり眠った感じがなく、日中に疲労感や眠気が残ることを主症状とする。睡眠時無呼吸症候群は、肥満との関連が指摘されていることは、第 3 章で述べたとおりである。長距離を運転する業務に就く社員が多く所属する企業は、交通事故につながる危険性があるため、定期的検査を義務づけている。

13. 概日リズム睡眠・覚醒障害

約 24 時間周期の睡眠・覚醒のパターンが非常に不規則になり、一定のリズムを保ち、社会生活との折り合いをつけることが難しいことを主症状とする。睡眠・覚醒相後退型、睡眠・覚醒相前進型、不規則睡眠・覚醒型、非 24 時間睡眠・覚醒型がある。概日リズム睡眠・覚醒障害の結果として、不登校や引きこもりが起こることがある。

14. 悪夢障害

生命、身体の安全、自尊心を脅かすような恐怖や不安の夢で、夜間睡眠後半のレム睡眠から飛び起きてしまい、中途覚醒後に嫌な気分が

残ることに悩まされていることを主症状とする。悪夢は、精神的ストレスと不可分の関係にある。成人であれば、失職、離婚、裁判など、子どもであれば進路問題や失恋などがその誘因となる。この悪夢障害は、特発性の悪夢（Idiopathic nightmare）ともいわれる。PTSDの一症状としての悪夢（Posttraumatic nightmare）との違いは、覚醒後に意識の明晰性を取り戻し、すぐにこれは夢だったとわかる点と、悪夢の内容はその時々によって変わりうる点である。一方で、PTSD性の悪夢は、特定のトラウマとなる出来事と関連しているため、夢の内容は同じ内容を繰り返す特徴を持つ。PTSD性の悪夢の誘因は、戦争体験、犯罪被害、自然災害の被災、事故の目撃、被虐待体験、いじめ被害体験などトラウマとなるイベントである。また、悪夢障害よりも中途覚醒の時間が長く、頻繁に起こり、悪夢障害よりも夜間睡眠の早い段階で起こる。両方とも悪夢とその結果としての睡眠障害は有意なディストレスをもたらし、日中の機能を障害する。

15. レム睡眠行動障害

悪夢と同様に睡眠時随伴症のひとつであり、主として、初老期の男性でみられる障害である。レム睡眠中に、夢の内容にあわせて、大声を出し暴れるなど奇妙な行動をとることを主症状とする。夢の内容には、動物や危険な人物に攻撃されるというものが多く含まれている。その結果として、ベッドから飛び起き、走り出したり、同床の者に反撃を加えたりするので、睡眠環境における物損や怪我を引き起こすことがある。異常行動の間に覚醒はなく、レム睡眠が終わりノンレム睡眠になると異常行動は終了する。レム睡眠行動障害は、レム睡眠時の脱力メカニズムが起こらないものであり、脳幹にある運動神経に抑制をかけるシステムの不具合によると考えられている。レム睡眠に関する初期の生理学研究では、フランスのJouvet. M.が猫のその部位を選

択的に破壊することで、猫の見る典型的な夢を動作で観察したことは有名である。

16．レストレッグス症候群

　睡眠関連運動障害のひとつである。夜間安静時に、下肢にむずむず感など異常感覚が生じ、脚を動かしたくてたまらない強い欲求のために、入眠困難が生じることを主症状とする神経疾患である。むずむず脚症候群とも言う。下肢を動かしたいという欲求は、ウォーキングや各種スポーツで運動している間は一時的に収まるが、一旦停止したり、休息をとると再び出現する。一般的には症状は夕方から夜間に増悪し、朝方に軽減する。

第5章
睡眠障害からの回復と支援

　以下に、睡眠障害の主な治療法・支援法を医学的支援、心理学的支援に大別して述べる。

1．医学的支援

1）薬物療法
　入眠困難、中途覚醒、早朝覚醒のタイプに合わせて、短時間作用から長時間作用の薬効を考慮して処方される。
　GABA（γアミノ酪酸）は、睡眠センターのブレーキを強める役割がある。ベンゾジアゼピン系の睡眠導入薬は、GABAが受容体に結合しやすく、超短時間作用型、短時間作用型の効用を持つ。ベンゾジアゼピン系の睡眠導入薬は効果が早く出るが、レム睡眠が極端に少なくなる、急にやめると反跳性不眠になるなどの副作用がある。また、GABAを高めすぎると、大脳皮質の認知機能（記憶力）低下、小脳の運動機能の低下などの副作用があるため、長期服用に関しては慎重に検討されている。入眠を促すために寝酒の習慣がある人は、アルコール摂取によりベンゾジアゼピン系の睡眠導入薬の副作用を強めてしまうので注意が必要である。

表5-1 睡眠障害の薬物療法で処方される主な薬剤(松田・津田,2015)

1)入眠困難タイプへの処方は次の通りです。		
超短時間作用型	ハルシオン	ベンゾジアゼピン系
	マイスリー	筋弛緩作用,知らないうちに健忘
	ルネスタ(アモバンの鏡像異性体)	
	アモバン	朝まで口に苦味が残る
短時間作用型	レンドルミン	ベンド
	ロラメット(エバミール)	ベンド,リスミー
2)中途覚醒・早朝覚醒タイプへの処方は次の通りです。		
中時間作用型	ベンザリン	
	ロヒプノール(サイレース)	
	ユーロジン	
長時間作用型	ドラール	
3)最近話題の睡眠薬には次のような薬があります。		
メラトニン受容体作動薬	ロゼレム	
オレキシン受容体拮抗薬	ベルソムラ	新薬

　次世代の睡眠導入薬としては、オレキシン受容体拮抗薬がある。覚醒センター(視床下部外側野)のオレキシンニューロンは、脳幹のモノアミン(覚醒作用)を作るニューロンに作用する。オレキシンニューロンが死んでしまうとナルコレプシーになることは第4章で述べた通りである。なお医学的治療については、医師による指導が必要である。

2)高照度光療法

　2,500～10,000ルクスのかなり明るい光を起床時刻の約2時間前から照射する。高照度光療法は、不眠症や、概日リズム障害の睡眠・覚醒相前進・後退症候群に効く。

3）終夜睡眠ポリグラフ検査

寝ている時の脳波、眼球運動、筋電図を用いて、覚醒と睡眠段階の判定を行う。睡眠時無呼吸症候群の判定には必須であり、その他の睡眠時随伴症候群の判定、慢性の入眠困難に対する不眠症へのバイオフィードバックというべき、集中的睡眠再訓練法でも使用する（Perlis, Aloia, & Kuhn, 2010）。

2．心理学的支援

1）認知行動療法（Cognitive behavioral therapy; CBT）

CBTは心理的過覚醒を軽減し、自然治癒力を阻む認知の歪みと不適切な対処行動を修正し、過剰な薬物療法から脱却する効果的な方法である。CBTは特に不眠障害と悪夢障害に効果が見込まれる。

最近は不眠症をターゲットとした認知行動療法（Cognitive Behavioral Theory for Insomnia; CBT-I）（Morin, 1993）が注目され、その治療効果はメタ分析でも確認されている。この療法は、睡眠衛生指導、刺激統制法、リラクセーション法、認知療法のパッケージにより心理支援を行うことで、不眠の増悪因、維持因の改善にターゲットを絞るもので、患者の不眠そのものが生み出すストレスに対するコーピングを高める方略といえる。CBT-Iでは明確な睡眠に関する目標を立てて臨む。例えば、「ぐっすり眠りたい→一度寝ついたら4時間半以上連続して寝たい」「寝つきを良くしたい→布団に入ってから30分以内に寝つける日を増やしたい」などである（岡島，2015）。

以下に、CBT-Iで使用されている代表的な技法を紹介する（Perlis, et al., 2010）。

2）睡眠衛生教育

生活リズム、運動習慣、嗜好物の摂取、就寝環境、光刺激など、快

適な眠りをとるための生活の習慣や眠りに適した就寝環境づくりの基本を学ぶ。眠れなかったときこそ、睡眠欲求を高めるためいつもより負荷をかける生活をこころがける、日中は極力体を起こして、昼寝は14時までに30分以内の短時間仮眠、いつもより遅く就寝するなどである。朝強い光を浴びると眠気が前進し、夜強い光を浴びると眠気が後退するため、午前中に太陽の光を浴びることは重要であり、寝室、床の場所の調整も重要である。快適な睡眠確保のための掛・敷寝具の選定法も重要になり、良質な睡眠を確保するためには寝床内状況を温湿度も含めて整えることが必要である。寝具の中では、マットレスの研究が盛んである。一般的には睡眠衛生教育は、不適切な睡眠衛生による不眠症には効くが、特発性不眠症には効果がない。

3）セルフモニタリング法

眠りの様子を自分で観察して、事実を把握する方法である。医学的治療との併用で、最も使用されると言ってよい。24時間の睡眠日誌を利用する。ほとんどすべてのCBT-Iの技法において必要であり、役に立たない、あるいは役に立つ睡眠習慣を明らかにすることや、客観的評価と主観的評価のずれを示す睡眠状態誤認の修正にも有効である（図5-1）。

4）筋弛緩法（リラクセーション・自律訓練法）

主に寝る前、筋肉を弛緩させることによって、覚醒水準を下げ、心理的な興奮も抑える方法である。不眠に対するリラクセーションは、特に入眠困難に効果がある。禁忌はないことが強みの技法である。受動的注意集中やマインドフルネス技法と併用することもある。マインドフルネス技法では、あるがままを受け入れ、評価せず受容する、眠れないことと過剰に戦わない、自分の睡眠システムを信頼する、眠れないことを辛抱するなどを試みる。ただしマインドフルネスの認知的技法は、気分障害、精神病性障害、PTSD、物質依存に対しては禁忌

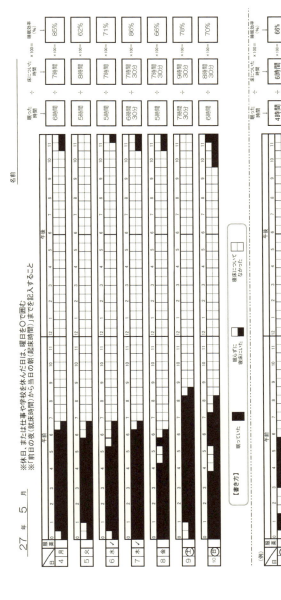

図5-1 睡眠日誌例（松田, 2015）

である。

5）睡眠制限法・刺激制御法

布団の中にいる時間における眠りの質を高めるために、最初はあえて就寝時間を遅らせ、眠りの質が高まってきたら、就床時間を前倒しにしていく。例えば、眠い時にしか寝床に行かない、眠れなければ寝室を出る、毎朝同じ時間に起きる、日中に昼寝はしないなどの決まりごとをつくる。

睡眠制限療法（Sleep restriction therapy; SRT）は睡眠時間（TST）にあわせて睡眠効率（TIB）を調整する方法で、入眠困難型、睡眠維持困難型、早朝覚醒型不眠症に効く。オリジナル版 SRT では、TIB が 90％（高齢者なら 85％）以上の場合には布団に入る時間（臥床時間）を 15 分延長する。85 ～ 90％は現状維持、85％以下（高齢者なら 80％）平均睡眠時間まで短縮する。通常より緩和した条件で適用するときは、睡眠効率が 85％以上の場合には臥床時間を 15 分延長、80 ～ 84％は現状維持、79％以下 15 分短縮する方法をとる。

刺激制御療法（Stimulus control therapy; SCT）は、急性不眠と慢性不眠の睡眠前半の問題入眠（再入眠）に有効で、15 分以上はベッドにいない、再度戻るには 30 分から 60 分とするなどのルールを守るものである。

6）認知療法

認知療法は、特発性不眠より、精神生理性不眠、逆説性不眠に有効である。不眠、悪夢、睡眠へのこだわり、例えば「8 時間眠れないと健康を害する」などの睡眠に対する誤った信念を認知的に変えることがあげられる。あきらめやユーモアを使用する認知療法である。逆説志向療法では、睡眠関連不安や眠ろうとする努力を減らすことを目標にしている。

7）悪夢に対する認知行動療法

悪夢に対する認知行動療法（Cognitive Behavioral Theory for Nightmare; CBT-N）のうち、アメリカ睡眠医学会によって悪夢治療で推奨されている非薬理学的な技法を紹介する（Aurora, Zak, Auerbach,, Casey, Chowdhuri, Karippot , Maganti, Ramar, Kristo, Bista, , Lamm, & Morgenthaler, 2010）。この他、CBT-I で用いられる睡眠衛生教育や、入眠前のリラクセーションも使用される。特にリラクセーションにはある程度のエビデンスがあり、PTSD 性の悪夢以外は CBT-N と CBT-I の併用に有効である（大江・内村，2014）。

8）夢に関する認知に関する認知的再構成法

セルフモニタリングの中で「悪夢を見たあとには嫌なことが起こる」など、夢に対する認知の歪みがあれば、カウンセリングの中で認知の再構成を促す。また悪夢など強い感情を伴う場合には、最も強い否定的感情を呼び起こした夢のハイライトを取り上げ、コラム法などを用いて認知的再構成を促す。

9）夢日記法によるセルフモニタリング

夢のセルフモニタリング（Self-monitoring）は、夢日記を利用して行う。夢の中のイメージから、患者の思考、感情、行動のパターンを捉え、自己理解を促す。日々体験する出来事との関連を、現実的に捉えることが可能になる。

10）夢イメージエクスポージャー法

行動療法では、暴露（エクスポージャー）法「不快な情動にさらす」ことでそれを乗り越える方法 が古典的に用いられている。エクスポージャー法には、現実エクスポージャー（In vivo exposure）とイメージエクスポージャー（Imagery exposure）がある。

悪夢を扱うセッションの中では、悪夢のイメージを想起させ、悪夢

表5-2 主要な睡眠障害との治療法・支援法（松田・津田，2015）

		治療法・支援法									
		医学的支援			心理学的支援						
					健康心理学（セルフヘルプ）⇔臨床心理学						
		薬物療法	高照度光療法	終夜睡眠ポリグラフ検査	睡眠衛生教育	セルフモニタリング法	筋弛緩法	睡眠制限法・刺激統制法	認知的再構成法	イメージエクスポージャー法・イメージリハーサル法	ストレスへの対処
睡眠障害の分類	不眠障害	○	○		○	○	○	○	○		○
	過眠障害	○			○			○			
	ナルコレプシー	○			○						
	呼吸関連睡眠障害群			○	○						
	概日リズム睡眠・覚醒障害	○	○	○	○	○		○			
	睡眠時遊行症・睡眠時驚愕症			○	○			○			○
	悪夢障害	○			○	○	○		○	○	○
	レム睡眠行動障害	○		○							
	レストレッグス症候群	○									
	物質・医薬品誘発性睡眠障害	○			○						

の苦痛から目をそむけずに対峙する夢イメージエクスポージャー法（Dream imagery exposure）を用いる。悪夢の恐怖を乗り越え、恐怖感情を低減することで、イメージも変容する。

11）イメージリハーサル療法

Krakow（2004）のイメージリハーサル療法（Imagery rehearsal therapy; IRT）は、覚醒時に、想起した悪夢の筋書き、特に夢の最後（結末）を肯定的に書き換える手続きを加えるものである。楽しい雰囲気で、物語性があり、幸せな結末の夢を見ているときはメンタルヘルスの状態が良いので、それに近づける介入であると言ってよい。特に、慢性的な悪夢障害の患者への効果が検証されており、アメリカ睡眠医学会によって悪夢治療で推奨されている非薬理学的な技法のうち、最もエビデンスレベルが高いと推奨されている（Aurora, et al., 2010）。さらに LaBerge, S. の明晰夢は、訓練によって、レム睡眠中に夢を見ていることを自覚し、IRT を睡眠中に行うものである。

IRT は、悪夢を発現させる現実のストレスフルライフイベントへ対処する具体的行動を強化することにつながる。夢の中でのこれらの対処行動を、現実生活の中でも強化できるとさらによい。IRT は夢の続きを想像させることで、認知を通して間接的に現実の対処スキルを実行し、一方で明晰夢はレム睡眠中に行うと考えてよいだろう。

以上、ここまで紹介した技法が、適用すると効果が見込める睡眠障害を一覧表で示した（表5-2）。

医学的治療については、主治医の指導の下、実施される。一方、心理学的治療については、睡眠を専門とする心理士のフィードバックを受けることを推奨する。

引用文献

American Academy of Sleep Medicine (2014). *International Classification of Sleep Disorders. 3rd edition: ICSD-Ⅲ*, American Academy of Sleep Medicine, Illinois.

American Psychiatric Association (2013). *Diagnostic and Statistical Manual of Mental Disorders, Fifth Edition.* Arlington.

Aurora, R. N., Zak, R. S., Auerbach, S. H., Casey, K. R., Chowdhuri, S., Karippot, A., Maganti, R. K., Ramar, K., Kristo, D. A., Bista, S. R., Lamm, C. I., & Morgenthaler, T. I., (2010). Best Practice Guide for the Treatment of Nightmare Disorder in Adults. Standards of Practice Committee. *Journal of Clinical Sleep Medicine*, 6, 38 9-401.

Buysse, D.J., Reynolds, C.F., Monk,T.H., Berman,S.R., & Kupfer,D.J. (1989). The Pittsburgh Sleep Quality Index: a new instrument for psychiatric practice and research. *Journal of Psychiatry Research*, 28(2), 19 3-213.

土器屋由紀子 (2010). 富士山頂は日本で宇宙に一番近い研究と教育の空間. 公益財団法人静岡県文化財団 (編) 日本一の高所富士山頂は宝の山 創碧社 pp.10-97.

Ebben,M.R. & Fine,L. (2010). *Insominia: a risk for the future psychiatric illness. Pandi-Perumal*, S.R. & Kramer,M.(Eds.), Sleep and Mental illness. Cambridge University Press.

福田一彦 (2016). 睡眠と身体活動1, 2節 島井哲志 (監修) 大竹恵子 (編) 保健と健康の心理学 ナカニシヤ出版 pp.143-150.

Gardner, M. (2001). *Did Adam and Eve Have Navels?: Debunking Pseudoscience.* W. W. Norton & Company. [邦訳 マーティン・ガードナー (2004). 太田次郎 (監訳) インチキ科学の解読法 17章 夢の新しい謎 光文社 pp.243-255.]

林光緒 (2013). 短時間仮眠による眠気の解消法 堀忠雄・白川修一郎・福田一彦 (監修) 日本睡眠改善協議会 (編) 応用講座 睡眠改善学 ゆまに書房 pp.10-17.

春日喬 (2000). 刺激の質と生体反応 ブレーン出版

Köthe, M. & Pietrowsky, R. (2001). Behavioral Effects of Nightmares and Their Correlations to Personality Patterns. *Dreaming*, 11, 45-52.

小山恵美 (2013). 光の利用による睡眠改善法 堀忠雄・白川修一郎・福田一彦 (監修) 日本睡眠改善協議会 (編)応用講座 睡眠改善学 ゆまに書房 pp.25-34.

Krakow, B. (2004). *Imagery rehearsal therapy for chronic posttraumatic nightmares: A mind's eye view.* In Rosner, R.I., Lyddon, W.J., & Freeman, A. (Eds.), Cognitive therapy and dreams. New York：Springer publishing company, Inc. 137-160.

Kripke, D.F., Garfinkel,L., Wingard, D.L., Krauber, M.R., & Marler, M.R.(2002). Mortality associated with sleep duration and insomnia. *Archives of general psychiatry*, 59, 131-136.

粂和彦(2003).時間の分子生物学　講談社

Levin, R., & Nielsen, T. A.(2007). Disturbed dreaming, posttraumatic stress disorder, and affect distress: A review and neurocognitive model. *Psychological Bulletin*, 133, 482–528.

松田英子・逆井麻利(2009).臨床看護職者の職務ストレスと不眠および抑うつに関する研究　日本健康心理学会第22回大会発表論文集

松田英子(2013a).パーソナリティと不健康　不眠・悪夢　日本パーソナリティ心理学会(編)．パーソナリティ心理学ハンドブック　pp.399- 405.

松田英子(2013b).不眠を主訴とする青年に対する認知行動療法とキャリアカウンセリング　日本カウンセリング学会第46回大会発表論文集.

松田英子(2015).睡眠障害への対処と認知行動療法　行動科学, 54(1), 53-62.

松田英子・津田彰(2015).睡眠の個人差の理解と心理学的支援　(株)フィスメック

水野康(2013).適切な運動処方による睡眠改善法　堀忠雄・白川修一郎・福田一彦(監修)　日本睡眠改善協議会(編)応用講座　睡眠改善学　ゆまに書房　pp.18- 24.

Morin, C.M.(1993). *Insomnia. Psychological assessment and management.* New York : The Guilford Press.

岡田斉(2011).「夢」の認知心理学　勁草書房

岡島義(2105).4週間でぐっすり眠れる本　さくら舎

大江美佐里・内村直尚(2014).心的外傷後ストレス障害の悪夢に対するイメージを利用した治療―展望と今後の課題―　九州神経精神医学, 60(2), 92-96.

Perlis, M.L., Aloia, M., & Kuhn, B.(2010). *Behavioral Treatments for Sleep Disorders: A Comprehensive Primer of Behavioral Sleep Medicine Interventions*(*Practical Resources for the Mental Health Professional*). Academic Press.［邦訳 マイケル・L ペルリス　マーク・S・アロイア　ブレッド・R・クーン(2015).岡島義・福田一彦(監訳)　睡眠障害に対する認知行動療法―行動睡眠医学的アプローチへの招待　風間書房］

櫻井武(2015).睡眠障害の謎を解く　講談社

関根智江・渡辺洋子・林田将来(2016).日本人の生活時間・2015　―睡眠の減少が止まり，必需時間が増加―　NHK放送文化研究所世論調査世論調査部(編)　放送研究と調査　NHK出版66(5), 2-27.

白川修一郎(2013).眠気による事故の防止法　堀忠雄・白川修一郎・福田一彦(監修)　日本睡眠改善協議会(編)　応用講座　睡眠改善学　ゆまに書房

Soldatoes, C.R., Dikeos, D.G., Paparrigopoulos, T.J. (2000). Athens Insomnia Scale: validation of an instrument based on ICD-10 criteria. *Journal of Psychosomatic Research*, 48(6), 555-560.

Sjöström, N., Wærn, M., & Hetta, J. (2007). Nightmares and Sleep Disturbances in Relation to Suicidality in Suicide Attempters. *Sleep*, 30, 91-95.

内田直(2006). 好きになる睡眠医学—眠りの仕組みと睡眠障害 講談社

内村直尚・橋爪祐二・土生川光成(2005). 一般内科を受診している身体疾患患者の不眠治療の現状と問題点—問診状況と不眠症状. *Pharma Medica*, 23, 105-108.

World health organization (1992). *The ICD-10 Classification of Mental and Behavioural Disorders: Clinical descriptions and diagnostic guidelines.* Geneva, World Health Organization.

本書は、東洋大学21世紀ヒューマン・インタラクション・リサーチ・センター(安藤清志センター長)の研究テーマ「逆境におかれた人間の心理」の補助を受け、出版されました。ここに心より感謝を申し上げます。また本研究は、科学研究費若手研究B(No.22730552 研究代表者 松田英子)および科学研究費補助金基盤研究(C)(課題番号 25380942 研究代表者 松田英子)の補助を受けて実施した研究や収集した資料が含まれております。

あとがき

　日本行動科学会は、その前身である異常行動研究会の頃より、基礎領域ならびに臨床領域の行動研究者らがその研究成果を持ち寄り、議論することにより、人間行動の非適応的な側面の理解に努めてきた。学会の出版委員会から、本学会を特徴づける「行動」に焦点をあて、人間行動のさまざまな機能的側面に注目したブックレットをシリーズとして二瓶社の協力の下刊行してきた。

　本書は「眠る」という睡眠に関して行動科学研究の成果を公開することが趣旨である。眠ることに不調がでた場合、その原因は様々であるが、不適切な対処行動がさらに不調を悪化させ、症状を遷延化させるメカニズムがあることが多い。そこで本書では、睡眠の生理学的基礎と、睡眠が関連する心身の不調をふまえた上で、認知行動療法を中心に、各種睡眠障害を改善させる心理学的アプローチを紹介した。

　特に、東洋大学21世紀ヒューマン・インタラクション・リサーチ・センターでは「逆境におかれた人間の心理」を研究のテーマにしており、心理社会的ストレスによる不眠や悪夢などの睡眠の不調を予防し、健康を回復しさらに高める行動科学の知見を示した。眠りがうまくいってる間は、心身の健康は保たれているといってよい。読者には眠りの状態を自身の健康のひとつの指標として、「自己保全」の目標のために活用していただければ幸いである。

　また、本書の原稿の整理・校正作業にご協力をいただきました精神保健福祉士の雨宮千沙都先生にここに感謝申し上げます。最後となりましたが、本書が予定通り刊行できるようにご尽力くださいました二瓶社取締役の宇佐美嘉崇様に、心より御礼を申し上げます。

松田　英子　まつだ　えいこ
東洋大学社会学部社会心理学科教授。博士（人文科学）。臨床心理士として活躍し、江戸川大学教授、放送大学大学院客員教授、文教大学大学院兼任講師、青山学院大学兼任講師などを歴任。2015年より現職。研究テーマは「悪夢のメカニズムの解明と認知行動療法による治療的介入」。基礎的研究と臨床実践の統合を目指している。著書に『図解 心理学が見る見るわかる』（サンマーク出版、単著）、『夢と睡眠の心理学』（風間書房、単著）、『パーソナリティ心理学』（培風館、共著）があり、『imidas』（集英社）の心理学項目にも執筆中。

行動科学ブックレット 11

眠る　心と体の健康を守る仕組み

2017年3月20日　第1版 第1刷

編　者	日本行動科学学会	
著　者	松田英子	
	東洋大学21世紀ヒューマン・インタラクション・リサーチ・センター	
発 行 所	（有）二瓶社	
	TEL 03-5648-5377	
	FAX 03-6745-8066	
	e-mail: info@niheisha.co.jp	
	郵便振替 00990-6-110314	
装　幀	株式会社クリエイティブ・コンセプト	
装　画	shutterstock	
印刷製本	株式会社シナノ	

万一、落丁乱丁のある場合は小社までご連絡下さい。
送料小社負担にてお取り替え致します。

©Eiko Matsuda, Toyo University, 2017
Printed in Japan
ISBN 978-4-86108-080-7　C3011